Vehículos al rescate

Los camiones de bomberos

por Bizzy Harris

Bullfrog
en español

Ideas para padres y maestros

Bullfrog Books permite a los niños practicar la lectura de textos informativos desde el nivel principiante. Las repeticiones, palabras conocidas y descripciones en las imágenes ayudan a los lectores principiantes.

Antes de leer

- Hablen acerca de las fotografías. ¿Qué representan para ellos?
- Consulten juntos el glosario de las fotografías. Lean las palabras y hablen de ellas.

Durante la lectura

- Hojeen el libro y observen las fotografías. Deje que el niño haga preguntas. Muestre las descripciones en las imágenes.
- Léale el libro al niño o deje que él o ella lo lea independientemente.

Después de leer

- Anime al niño para que piense más. Pregúntele: ¿Alguna vez has visto un camión de bomberos? ¿Te gustaría ver uno?

Bullfrog Books are published by Jump!
5357 Penn Avenue South
Minneapolis, MN 55419
www.jumplibrary.com

Library of Congress Cataloging-in-Publication Data

Names: Harris, Bizzy, author.
Title: Los camiones de bomberos / Bizzy Harris.
Other titles: Fire trucks. Spanish
Description: Minneapolis: Jump!, Inc., [2022]
Series: Vehículos al rescate | Translation of: Fire trucks.
Audience: Ages 5–8 | Audience: Grades K–1
Identifiers: LCCN 2020055088 (print)
LCCN 2020055089 (ebook)
ISBN 9781636901831 (hardcover)
ISBN 9781636901848 (paperback)
ISBN 9781636901855 (ebook)
Subjects: LCSH: Fire extinction—Juvenile literature.
Fire engines—Juvenile literature.
Classification: LCC TH9372 .H35818 2022 (print)
LCC TH9372 (ebook) | DDC 628.9/259—dc23

Editor: Jenna Gleisner
Designer: Molly Ballanger
Translator: Annette Granat

Photo Credits: ryasick/iStock, cover; Tctomm/Dreamstime, 1; TennesseePhotographer/iStock, 3; theoldman/Shutterstock, 4; yanggiri/iStock, 5, 23tl; Maskot/Getty, 6–7, 23br; Manuel Esteban/Shutterstock, 8–9; JustPixs/Shutterstock, 10–11; Christine Bird/Shutterstock, 12–13; Oliver Perez/Dreamstime, 14, 23tm; djphotography/iStock, 15; davelogan/iStock, 16–17, 23tr; Keith Muratori/Shutterstock, 18, 23bl; 400tmax/iStock, 19; Wangkun Jia/Shutterstock, 20–21, 23bm; Shutterstock, 22; Flashon Studio/Shutterstock, 24.

Printed in the United States of America at Corporate Graphics in North Mankato, Minnesota.

Tabla de contenido

La escalera y la manguera

Las luces se prenden y se apagan rápidamente en la estación de bomberos.

alarma

La alarma suena.
¿Por qué?
¡Hay un incendio!

uniforme

¡Los bomberos se preparan!
Se ponen los uniformes.

Ellos se suben a los camiones de bomberos.

¡Se van con mucha prisa!

autobomba

camión de
bomberos

luz

Las luces se prenden y se apagan rápidamente.

Las sirenas suenan.

Ellas le avisan a la gente que se aparte.

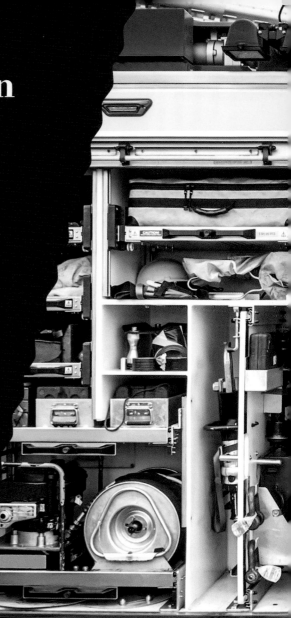

Los bomberos llegan al incendio.

El camión contiene las herramientas que ellos necesitan.

El autobomba transporta agua.

autobomba

Un bombero conecta las mangueras.

tanque de agua

manguera

El agua ayuda a
apagar el incendio.

El camión de bomberos tiene una escalera.

Esta es alta.

escalera ·····

La gente baja por
la escalera.

Todos están a salvo.

Los camiones de bomberos regresan a la estación.

estación de
bomberos

21

Las herramientas de los camiones de bomberos

¡Échales un vistazo a algunas de las herramientas que hay dentro de un camión de bomberos!

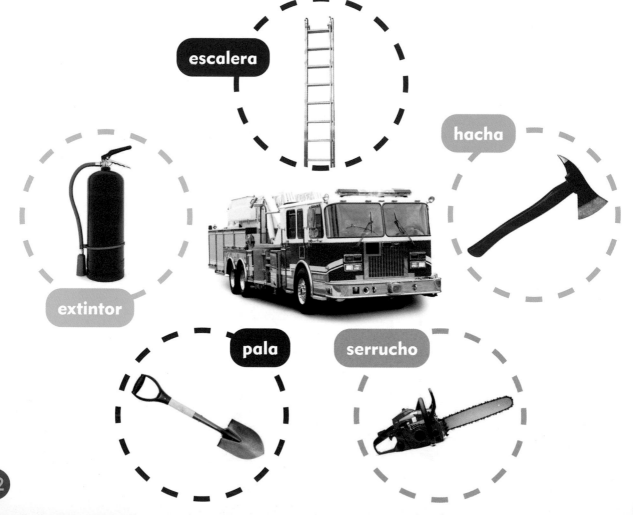

escalera

hacha

extintor

pala

serrucho

Glosario de fotografías

alarma
Un aparato con una campana, una sirena o un timbre, que avisa sobre un peligro.

autobomba
Un camión que transporta agua y mangueras para luchar contra los incendios.

bomberos
Gente entrenada para apagar los incendios.

escalera
Una estructura que la gente usa para subir o bajar.

estación de bomberos
Un edificio donde se mantienen los camiones de bomberos y los motores.

uniformes
Conjuntos especiales de ropa usada por los miembros de un grupo u organización.

Índice

Para aprender más

Aprender más es tan fácil como contar de 1 a 3.

❶ Visita www.factsurfer.com

❷ Escribe "loscamionesdebomberos" en la caja de búsqueda.

❸ Elige tu libro para ver una lista de sitios web.